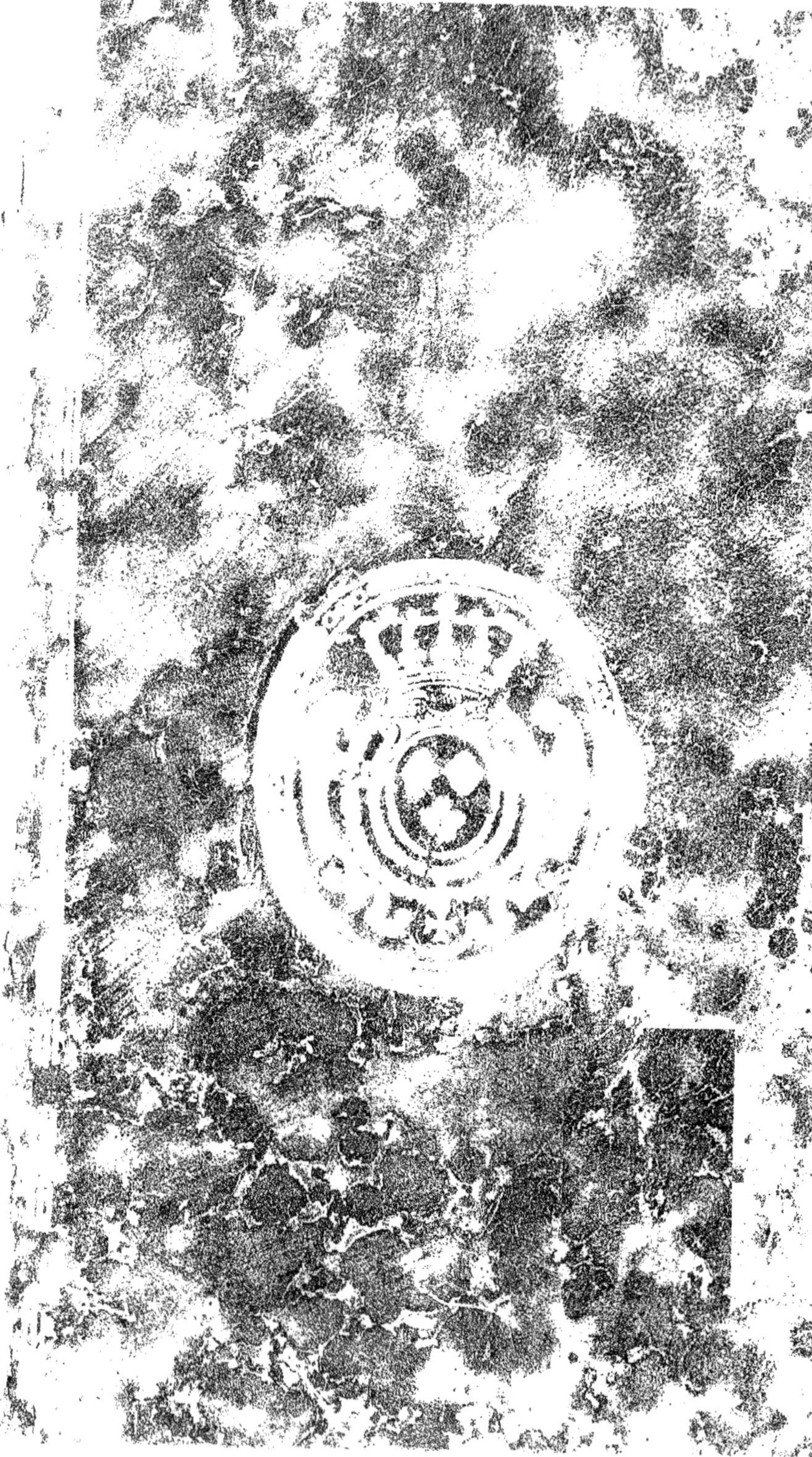

TRAITÉ SUR LES TOILES PEINTES,

DANS LEQUEL ON VOIT la maniere dont on les fabrique aux Indes, & en Europe.

On y trouvera le ſecret du Bleu d'Angleterre de bon teint, appliquable ſur la Toile avec la Planche ou avec le Pinceau.

On y a joint encore le procedé qu'il faut tenir pour noyer ou adoucir les Ombres, ſoit pour les Fleurs ou pour les Draperies : choſe nouvelle & qu'on croyoit impoſſible.

*Par M. Q***.*

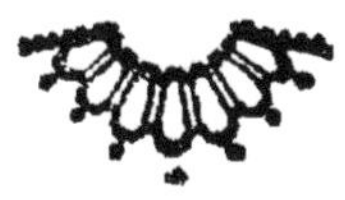

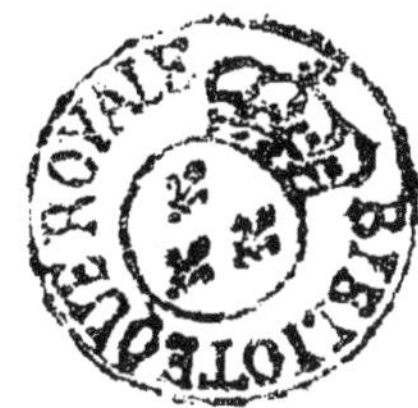

A AMSTERDAM,

Et ſe trouve A PARIS,

Chez BARROIS, Quai des Auguſtins, près du Pont ſaint Michel.

M. DCC. LX.

AVANT-PROPOS,

Et avis important pour l'Artiſte.

CE Traité ſur la maniere d'imprimer ou teindre les Toiles, peut être regardé comme un guide aſſuré & très exact pour ceux qui voudront apprendre cet Art, ou s'y perfectionner.

Les pratiques que feu M. Dufay m'avoit communiquées n'étant point ſuffiſamment détaillées pour pouvoir opérer à coup ſûr, j'ai été obligé de faire différentes opérations, dont ceux qui pratiquent pourront tirer des lumieres tendantes à la perfection de l'art, & dont ceux qui s'en tiennent à la théorie, s'amuſeront agréablement : c'eſt le but que je me ſuis propoſé dans cet Ouvrage.

Mon projet avoit été d'abord de ne donner au Public que la

maniere de peindre ſur la Toile avec toutes les couleurs imaginables, ſoit avec le pinceau, ſoit avec les planches & contre-planches, ſans y joindre *le ſecret du Bleu d'Angleterre à froid, de bon teint, appliquable avec le pinceau, ou avec la planche*. Je me propoſois de ne donner que la maniere de faire la cuve d'Indigo; je ne comptois pas non-plus donner au Public celle d'adoucir & noyer les ombres du côté des parties qui doivent leur être oppoſées; procedé inconnu juſqu'à ce jour : mais un bon Patriote doit moins préferer ſon intérêt, que celui du Public; car l'unique défaut que je connoiſſe aux belles Toiles Peintes, qui ſe fabriquent tant aux Indes qu'en Europe, eſt que les ombres ou nuances des couleurs tranchent toujours, & ne ſont point adoucies; l'éclat des couleurs, la beauté des deſſeins, & la fineſſe de la

Toile en font le mérite. Si ces mêmes couleurs étoient noyées & adoucies vers les parties claires, cet art seroit, pour ainsi dire, à sa perfection. Ce sont-là les raisons qui m'ont déterminé à en publier le procedé, qui, du premier coup d'œil, paroîtra peu de chose en lui-même; mais que je n'ai pu acquerir qu'après bien des expériences infructueuses. En suivant ma pratique, l'on pourra faire sur la Toile non point uniquement des Fleurs & des Oiseaux, mais aussi des Figures avec leurs draperies au naturel, des Bâtimens ornés d'architecture, des arbres, &c. qui imiteront très bien la Peinture, mais dont les couleurs seront bien plus vives. On peut s'assurer de cette vérité, si on veut se donner la peine d'aller chez Madame la Marquise de Fervaques, à Paris, à qui j'ai fait une Tapisserie de Toile Peinte, de onze pieds de hauteur, repréſentant un Jardin où le Roi de la Chine eſt placé ſous un beau Pavillon, entouré de ſes Gardes, &c. Ce Jardin eſt décoré de Vaſes remplis de Fleurs de toute eſpece. On y voit encore des arcs de triomphe, des portiques, & des cabinets dont l'architecture eſt aſſez bien rendue; des Oiſeaux en ornent le Ciel, les Figures ont environ trois pieds & demi de hauteur. Cette Piece de Toile Peinte mérite d'être vue des Connoiſſeurs; ils ſavent la difficulté qu'il y a dans l'exécution d'un pareil Ouvrage. Venons-en donc à la pratique. Lorſque vous aurez paſſé avec la plume le premier trait, noir ou rouge, pour contourner les feuilles, les fleurs, &c. ſur la Toile préparée comme on le verra au ſecond chapitre de ce Traité, & qu'on voudra appliquer avec le pinceau (pag. 48) le mordant rouge obſcur pour faire les ombres des fleurs, des Draperies, &c. (lequel mordant rouge obſcur doit ſervir à ombrer les parties rouges, les violettes, les pourpres, & celles que vous voudrez faire ſouci, ou couleur d'œillet d'Inde, &c. car le fond de cette derniere couleur doit être rouge clair : le jaune y étant appliqué par deſſus, après que la Toile a reçu le deuxieme garançage, ces deux couleurs enſemble feront la couleur ſouci); avant, dis-je, d'appliquer le mordant rouge obſcur, il faudra mettre dans une ſous-coupe, ou dans un autre petit vaſe, une certaine quantité de ce mordant gommé, & y mêler un quart d'eau de fontaine. Ayez un pinceau de ceux dont on ſe ſert pour laver ou deſſiner à l'encre de la Chine; coupez-le avec des ciſeaux, afin de le rendre plus rude; paſſez, avec un autre pinceau qui ne ſoit point coupé, du mordant rouge obſcur, à l'endroit de la Fleur ou de la Draperie, &c. qui doit paroître dans l'ombre; mais n'en paſſez à la fois qu'autant qu'il en ſera beſoin, afin de ne lui pas donner le tems de ſécher avant d'avoir exécuté ce qui ſuit.

Prenez un nouveau pinceau, appliquez du mordant de la ſoucoupe, moitié ſur le premier mordant non mitigé, & moitié ſur la Toile; c'eſt à dire que votre coup de pinceau porte moitié ſur le premier mordant, & moitié ſur la Toile du côté où vous voulez qu'il ſoit adouci; noyez ce dernier mordant mitigé avec le premier, en frottant avec le même pinceau; prenez promptement le pinceau rude & à ſec, frottez-en fort l'extrémité du mordant mitigé, afin de le noyer en l'étendant ſur la Toile du côté oppoſé à l'ombre. En ſuivant cette pratique, dont le grand uſage facilitera l'exécution, on verra, après le premier garençage, que les ombres ſe termineront en mourant du côté qu'on aura exécuté ce procedé.

Après cela il ne s'agira que de paſſer à plat, ou, pour mieux m'expliquer, de laver avec les autres mordans, les Fleurs, les Draperies qu'on aura entrepris d'exécuter.

Pour les carnations, on ſe ſervira de la couleur mitigée : lorſqu'on voudra que les ombres ſoient plus fortes, on pourra ſuivre la même méthode pour adoucir le noir de ferraille avec lequel on pourra les rembrunir autant qu'on le jugera à propos, en le mitigeant avec de l'eau ; mais au lieu de n'y mêler qu'un quart d'eau, il faudra y en mettre autant que du noir de ferraille, & même plus ſi cette couleur étoit bien forte, parceque l'eau ou noir de ferraille agit plus promptement que les autres mordans ſur la Toile préparée. On obſervera, dans ce cas, de n'appliquer le rouge obſcur, qu'après y avoir paſſé les ombres faites avec le noir de ferraille mitigé.

Tout ceci doit être exécuté avec une grande attention & beaucoup de promptitude, afin de ne donner pas le tems aux mordans qu'on veut adoucir, de ſecher, ni même de trop pénétrer la Toile ; c'eſt pour cette raiſon qu'on n'y procedera que par petites parties.

On trouvera dans le troiſieme chapitre de ce Traité, la maniere de faire le Bleu de bon teint, appliquable à froid au pinceau & à la planche ; je le donne de deux manieres.

M. Dufay a eu la bonté de me donner la maniere dont on fabrique la Toile Peinte aux Indes ; M. de Beaulieu, Officier de Marine, en avoit fait la recherche ſur les lieux, & lui en avoit fait part.

TRAITÉ SUR LES TOILES PEINTES.

CHAPITRE PREMIER.

De la maniere dont la Toile Peinte ſe fabrique aux Indes.

EN donnant ici les Principes de cet Art, je ne doute pas qu'il n'en réſulte quelque utilité, lorſque les Phyſiciens & même les Artiſans voudront s'y appliquer; car les faits que nous allons leur apprendre, pourront les conduire à quelques découvertes plus importantes; je ne puis oublier que c'eſt l'étude de cet Art, qui m'a mené à tenter des recherches ; & si j'ai été assez heureux pour que ces recherches aient produit quelque effet utile à ce même Art, ne peut-on pas attendre quelque chose de mieux des gens plus habiles que moi, qui trouveront la matiere, pour ainsi dire, dégrossie, & qui dès le premier abord seront au point où je ne suis parvenu qu'après plusieurs années d'un travail assidu & pénible? Je vais donc décrire exactement toutes les opérations que j'ai faites ; & de l'assemblage de ces opérations résultera toute la pratique d'un Art très curieux, très amusant, & dans lequel le Physicien peut trouver de grands sujets de méditation : mais avant on ne sera pas fâché de trouver ici la maniere dont on fabrique les Toiles Peintes *aux Indes.*

M. de Beaulieu que j'avois (*a*)

(*a*) C'est M. Dufay qui parle.

prié de s'informer de tout ce qui concerne la fabrique des Toiles Peintes, s'en eſt acquitté avec beaucoup d'exactitude & d'intelligence : il a fait peindre devant lui une piece de Toile ; & non-ſeulement il a décrït tout le travail avec la plus ſcrupuleuſe exactitude ; mais après chaque opération, il a coupé un morceau de la piece de Toile, qu'il a rapporté avec des échantillons de toutes les matieres qui entrent dans les diverſes opérations ; je vais rendre compte de ce détail. M. de Beaulieu s'eſt donné la peine, depuis ſon retour ici, d'exécuter devant moi ce même procedé avec les matieres qu'il avoit rapportées, & il a parfaitement réuſſi : ainſi on peut être aſſuré de l'exactitude de ce que je vais rapporter.

L'Ouvrier dont s'eſt ſervi M. de Beaulieu à Pontdichery, a pris ſix aunes de Toiles de coton crue, qu'il a fait blanchir ſur le pré ſans y mettre de chaux, ni d'eau de ris, comme cela ſe pratique pour les Toiles qui ne ſont pas deſtinées à être peintes. Lorſqu'elle a été blanchie, il a pilé dans un mortier trente grains de Cadonca, qui ſont nos Mirabolans citrins; la doſe eſt de cinq par aune de Toile; il les a délayés & bien mêlés dans quatre pintes d'eau; il a paſſé par un linge cette eau, dans laquelle il a trempé & bien frotté la Toile, & l'y a laiſſée infuſer pendant la nuit.

Le lendemain matin, il a mis le vaſe qui contenoit la Toile & la liqueur ſur le feu, & l'y a laiſſé bouillir pendant une bonne demie heure, puis il l'a retirée & laiſſée refroidir, après quoi il l'a frottée & battue ſur un billot de bois; enfin il l'a lavée dans l'eau froide & claire, & l'a fait ſecher.

Il a pilé de nouveau trente Mirabolans qu'il a arroſés d'un peu d'eau en les pilant, & les ayant réduits en conſiſtance de pâte, il les a délayés avec deux ſerres de lait de bufle. On ſe ſouviendra que *la ſerre eſt une meſure qui contient neuf onces d'huile de Gengely, qui eſt, ſans erreur ſenſible, de même peſanteur que l'huile de lin.* L'Ouvrier paſſa enſuite cette compoſition par un linge, & délaya les parties de Mirabolan qui étoient reſtées ſur le linge, avec trois ſerres d'eau qu'il mêla avec les deux ſerres de lait. (Nous nous nous ſommes ſervis, en faiſant cette opération-ci, de lait de vache, qui a fait le même effet que celui de bufle].

Après avoir fait ſecher la Toile, comme nous l'avons dit, il l'a lavée dans ce mélange, & l'ayant frottée, exprimée & relavée trois fois, il l'a battue & fait ſécher, elle eſt devenue, étant ſeche, d'une couleur de citron un peu ſale, l'Ouvrier l'a battue alors ſur un billot de bois très dur & poli, avec des pilons d'environ quinze pouces de long, & dont le gros bout en a ſix ou ſept de diamettre, il a enſuite étendu la Toile ſur une table, & l'a poncée avec du charbon pilé.

Il a entouré d'écorce ou de paille de ris bien ſeche, une livre de pierres appellées *pierres brûlées*, (elles ſont vitrioliques), il a jetté deſſus quelques charbons ardens; le feu a pris à l'écorce de ris & a duré pendant près de deux heures. Après qu'il a été éteint, & que les pierres ont été refroidies, il les a miſes dans deux ſerres de Chouris, (c'eſt la liqueur qui ſort par inciſion des Cocotiers), & les y a laiſſées pendant trois jours, les expoſant au ſoleil pendant le jour, & les couvrant pendant la nuit. Nous avons mis ici ces mêmes pierres dans de l'eau, & elles ont fait un effet tout pareil : la liqueur de ferraille, dont je parlerai ailleurs, fait aussi la même chose. L'Ouvrier a tracé avec cette liqueur tous les traits qu'il avoit poncés sur la Toile, dans les endroits qui devoient être bleus, verds, ou violets.

Il a fait bouillir quatre onces de bois de Japon, (qui est le même à-peu-près que notre bois de Bresil ou Fernambouc), dans une serre d'eau, jusqu'à réduction de moitié ; & en retirant cette liqueur de dessus le feu, il y a jetté une once d'alun en poudre. C'est avec cette liqueur qu'il a tracé les contours de tout ce qui devoit être rouge ou jaune dans la Toile. Il s'est aussi servi de ces deux liqueurs, pour ombrer par des hachures tout ce qui devoit l'être, tant en rouge qu'en noir ;

car il faut obſerver que l'infuſion des pierres vitrioliques devient noire ſur la Toile préparée avec le Mirabolan. Il ſe ſervoit, pour former ſes traits, d'une eſpece de plume faite de deux petites lames de roſeau appliquées l'une contre l'autre, & attachée à un petit manche de la groſſeur d'une plume ordinaire.

Après cette préparation, M. de Beaulieu a coupé une demie aune de cette Toile, qu'il m'a apportée, & que je conſerve en cet état: elle eſt jaunâtre, comme je l'ai déja dit; les contours & les ombres des tiges, des feuilles, ou de quelques fleurs ſont noirs, & ceux des autres fleurs ſont d'un rouge pâle & aſſez deſagréable; mais on verra bien-tôt que ce rouge ne demeure pas, & qu'il ne ſert que de préparation à l'autre.

L'Ouvrier a lavé enſuite la Toile dans l'eau, & l'a fait ſecher à moitié ; il a pilé une livre & demie de rais de Chaye, dont nous avons parlé ; & l'ayant bien pulvérisée, il l'a mis dans six pintes d'eau : il a plongé dans ce mélange la Toile qui étoit encore un peu humide, & l'a fait bouillir pendant deux heures, ayant attention de remuer souvent la Toile : il a retiré le vase de dessus le feu, & a laissé la Toile dans ce bain jusqu'à ce qu'il fût refroidi ; après quoi il l'a retirée, l'a lavée dans l'eau fraîche, & l'a fait secher. M. de Beaulieu a coupé alors une seconde demie aune de la Toile, pour la conserver en cet état. Le fond est un peu plus gris & plus obscur que celui du premier morceau ; les traits noirs le sont beaucoup davantage, & ceux qui après la premiere opération étoient d'un rouge pâle, sont d'un rouge très foncé, & assez vif.

Pour faire perdre au fond de la

Toile la couleur ſale qu'elle avoit contractée par l'opération que nous venons de voir, il a délayé trois livres de fiente de Cabri dans huit pintes d'eau ; une heure après il a mis la Toile dans ce mélange, & l'y a laiſſée toute la nuit ; le lendemain matin il l'a bien exprimée & l'a étendue ſur le bord d'un étang ; il jettoit de tems en tems de l'eau deſſus pour l'entretenir humide ; le ſoir il la mit tremper dans ce même mélange de fiente de Cabri & d'eau, dans lequel il l'avoit miſe la veille, & l'y laiſſa pendant la nuit ; le lendemain il la remit ſur le bord de l'étang, & continua les mêmes opérations le jour ſuivant, ſi ce n'eſt que le ſoir de ce dernier jour il la lava bien dans l'étang, & la fit ſecher entierement.

M. de Beaulieu en a conſervé un troiſieme morceau dans cet état, il eſt en tout ſemblable au précédent, si ce n'est que le fond en est presque blanc, n'ayant qu'un petit œil jaunâtre en quelques endroits, & que le rouge en est un peu plus vif.

La Toile étant sechée, il l'a lavée dans une eau de ris très claire, l'a fait secher, & l'a battue sur le même billot poli dont nous avons parlé, & l'a étendue sur une table. Il a tracé avec de la cire fondue les petits traits ou ombres qui servent à panacher les fleurs destinées à être bleues ou vertes. Cette cire empêche la couleur bleue de prendre dans ces endroits, qui par conséquent demeurent blancs, & font les reserves blanches qu'on voit dans les Toiles des Indes, & qui sont quelquefois d'une délicatesse extrême. L'Ouvrier se servoit, pour former ces traits, d'une espece de plume, composée de deux fils de fer ajustés à un petit manche de bois avec des bandes de Toile de coton, qui forment en cet endroit un petit tampon en forme d'olive, de près d'un pouce de diamettre, de l'extrémité inférieure duquel sortent les deux petits bouts de fil-de-fer. Nous verrons dans la suite l'usage de ce tampon. M. de Beaulieu a rapporté plusieurs de ces plumes, ainsi que des autres dont j'ai déja parlé, & une quatrieme demie aune de la Toile après cette derniere opération : elle n'est point différente de la précedente, si ce n'est qu'en regardant avec attention, ou à travers le jour, on apperçoit ces petits traits de cire.

L'Ouvrier s'est ensuite servi de la même plume de fer, pour entourer de cire fondue toutes les fleurs, feuilles & tiges qui doivent être bleues ou vertes ; après quoi il a enduit de la même cire tout le fond de la Toile en entier, n'épargnant précisement que les parties dont nous venons de parler, & qu'il avoit entourées d'abord, afin d'avoir moins besoin de ménagement & d'attention en cirant le reste de la Toile : il se servoit pour cette derniere opération, du tampon de cotton dont nous venons de parler ; & pour cet effet, il ne faisoit qu'incliner la plume, afin que le tampon portât sur la Toile ; au lieu qu'en faisant les contours, il la tenoit droite, & par ce moyen ne se servoit que du petit bec de fer. J'ai aussi un morceau de Toile en cet état : il est tout enduit d'une cire qui paroît brune, ou d'un blanc très foncé ; à la réserve des feuilles, fleurs & tiges qui doivent être bleues ou vertes, & sur lesquelles, par cette raison on n'a point mis de cire. Cette cire n'est bleue, que parceque les Ouvriers se servent de la même autant qu'ils peuvent par épargne ; mais c'eſt de la cire ordinaire , & la premiere fois qu'ils s'en ſervent, elle eſt blanche comme la nôtre.

La Toile étant cirée dans tous les endroits où elle le doit être, il l'a pliée en plis de quatre à cinq pouces , & l'a trempée pluſieurs fois de ſuite dans une jarre pleine de teinture bleue ; il l'a enſuite étendue, & a mis de la même liqueur ſur les endroits où elle lui paroiſſoit n'avoir pas aſſez pris; après quoi il l'a étendue à l'ombre & l'a fait ſecher. Il a enlevé toute la cire, en la plongeant pluſieurs fois dans l'eau bouillante , & changeant l'eau de tems en tems. La cire étant détachée , il a donné à la Toile trois leſſives avec l'eau & la fiente de Cabri, l'expoſant chaque jour au ſoleil , & l'arroſant , comme il a été déja dit. Il la fait ſecher ; & M. de Beaulieu en a fait couper un ſixieme

xieme morceau. Le fond n'en est pas d'un blanc bien vif, les tiges & les feuilles qui avoient été découvertes sont bleues, le reste est comme auparavant ; parceque la cire l'a conservé. On voit cependant en quelques endroits du fond, des taches bleues, qui viennent de ce que la cire s'étoit fondue, qu'il s'en étoit enlevé de petites parties, ou qu'elle n'avoit pas été appliquée avec assez de soin.

Pour la septieme opération, l'Ouvrier fit tremper pendant une demie heure la Toile dans deux pintes d'eau, mêlées avec une serre de lait de bufle, la fit secher, la battit sur le billot poli, & l'étendit sur une table. Il s'agissoit alors de panacher d'un rouge moins foncé, des fleurs qui devoient être jaunes, & de blanc celles qui devoient être violettes ; il panachoit les premieres par de petits traits ou hachûres faites avec la compoſition d'alun & de bois de Japon, & les ſecondes avec de la cire fondue. M. de Beaulieu coupa alors le ſeptieme morceau, qui ne differe du précédent que par ces petites hachures.

Il mit enſuite dans huit ſerres d'eau, une once & un gros d'alun, & même quantité de *Terramerita*; il laiſſa infuſer le tout pendant une nuit, & enduiſit avec cette liqueur tout ce qui devoit être orangé; il mêla une ſerre de la liqueur faite avec les pierres vitrioliques, dans dix ſerres de canque aigre; (c'eſt de l'eau de ris qu'on avoit laiſſée pendant dix jours à l'air; elle ſe peut facilement remplacer ici par nos eaux ſures). Il laiſſa repoſer ce mélange pendant une nuit, & s'en ſervit pour enduire les endroits qui devoient être pourpres ou violets. On coupa un morceau de la Toile; en cet état, les endroits qui doivent être violets, ſont d'un gris brun, & ceux qui doivent être orangés, ſont jaunes.

Il pulveriſa quatre livres de rais de Chaye, les mit dans huit pintes d'eau, & y ayant plongé la Toile, il la fit bouillir à très petit feu, pendant quatre heures, ayant attention de remuer très ſouvent la Toile, il la laiſſa dans le vaſe juſqu'à ce que la liqueur fût refroidie; alors il la retira, l'exprima & la fit ſecher. Comme il y avoit quelques taches en pluſieurs endroits, il les enleva le mieux qu'il lui fût poſſible avec du jus de citron; on coupa alors le neuvieme morceau, le fond en eſt à-peu-près comme du papier rouſſi à l'air, le rouge eſt beaucoup plus beau qu'il n'étoit & qu'il ne doit reſter, & ce qui doit être violet, eſt couleur de caffé.

La dixieme opération conſiſte

à laver la Toile dans de l'eau avec la fiente de Cabri, & à l'exposer au bord d'un étang pendant trois jours consécutifs, comme il l'avoit déja fait deux fois pendant le cours du travail ; c'est pour enlever le fond roussâtre que lui avoit donné le rais de chaye : il l'a lavée & frottée ensuite plusieurs fois dans une eau de savon tiede, puis dans de l'eau fraîche, & l'a fait secher. Cette opération éclaircit & avive toutes les couleurs, comme on le voit dans le morceau que coupa alors M. de Beaulieu, & le fonds n'a plus qu'une legere couleur de soufre.

L'Ouvrier lava la Toile dans deux pintes d'eau mêlées avec un peu de lait de Buffle, & la fit secher. Il pulverisa huit onces de fleurs de Cadouca, & une once de Mirabolans, qu'il mit tremper pendant seize heures dans huit serres d'eau. Au bout de ce tems, il jetta dans cette composition deux onces de rais de Chaye pulvérisé, il la fit chauffer jusqu'à ce qu'elle fût prête à bouillir, & se servit de cette liqueur pour enduire tout ce qui devoit être verd ou jaune sur la Toile. Après que la Toile fut seche, il mit dans douze pintes d'eau deux livres de fiente de Cabri, deux livres de Chaouroux, (c'est un sable terreux & salé qui se trouve sur le bord de la Mer), & une livre de savon en fort petits morceaux; ayant brouillé cette eau avec un bâton pendant une demie heure, il la laissa reposer pendant deux heures, après quoi il versa dans un autre vase ce qu'il y avoit de clair de cette liqueur, il y lava la Toile, l'exprimant bien ensuite, & l'étendit sur le bord d'un étang, de l'eau duquel il l'arrosoit de tems en tems. Le soir il la battit sur une pierre, & le lendemain il la fit ſecher ; l'operation eſt alors entierement finie, & il ne reſte plus qu'à donner le luſtre à la Toile.

Pour cet effet, on trempe la Toile dans de l'eau de ris plus ou moins épaiſſe, & ſuivant que l'on veut l'apprêt plus ou moins fort ; & lorſqu'elle eſt ſeche, on lui donne le brillant en la frottant fortement par tout ſur un billot de bois poli, avec une coquille bien liſſe & bien unie : on la plie bien proprement, & on la met en preſſe.

Il n'y a perſonne qui, en liſant cette opération, ne ſoit ſurpris de ſa longueur extrême & de ſa difficulté, & l'on a peine à concevoir qu'un ouvrage qui demande un travail ſi prodigieux, ſoit donné à ſi bon prix : mais outre le peu que gagnent les Ouvriers dans l'Inde, il faut encore conſiderer que la Toile dont nous venons de parler est, de toutes celles qui s'y fabriquent aujourd'hui, celle dont le travail est le plus long, parcequ'il y entre toutes les couleurs, & c'est précisément par cette raison que M. de Beaulieu l'a préférée à celles qui ne lui auroient appris que l'emploi de deux ou trois couleurs. Ce qui doit surprendre le plus, est qu'en général le prix de ces dernieres est égal à celui de celle dont nous avons décrit l'opération : mais la raison en est, que les Marchands vendent à la fois une quantité considerable de pieces de Toile; que sur cent pieces, par exemple, il y en a quatre vingts qui ne sont que de deux couleurs, dix de trois couleurs, & les dix autres, de quatre, de cinq & de six couleurs. Cet assortiment ainsi proportionné, dépend de la demande des Européens, & du goût, qui fait que plus de gens veulent des Toiles de deux couleurs, que de celles qui en ont un plus grand nombre ; enforte que ces dernieres qui coutent trois ou quatre fois plus à l'Ouvrier, sont souvent les dernieres vendues en Europe, & ne le sont que par une diminution de prix que le Marchand est obligé de faire. Le Marchand répartit donc également sur ces cent pieces, le prix qu'il juge devoir mettre à la totalité ; & suivant le goût & la fantaisie des Acheteurs, la piece qui a le moins coûté de la premiere main, est souvent vendue plus chere, que celle qui aura coûté sept ou huit fois davantage ; mais ceci ne fait rien à notre sujet, & je n'en ai dit un mot, que pour répondre à une objection qui se présentoit naturellement à l'esprit de tout le monde.

J'ai dit, en décrivant la sixieme opération, qu'après que la Toile étoit cirée, on la plongeoit dans la teinture bleue ; & je n'ai pas dit de quelle maniere se faisoit cette teinture. La raison pour laquelle je n'en ai pas parlé, c'est que l'ayant voulu éprouver ici, je n'ai pas pu y réussir ; que d'ailleurs l'opération est très longue, & qu'enfin nos cuves de Pastel, de Vouede, ou d'Indigo, font pour le moins aussi bien, tant pour la beauté que pour la solidité de la couleur, sans compter qu'elles sont infiniment plus faciles, & principalement celle d'Indigo à froid, qui ne demande presque aucun soin, & qui fait parfaitement bien sur le cotton. Cependant comme il y a des gens qui peuvent être curieux de savoir de quelle maniere se fait le bleu dans les Indes, je vais dire en peu de mots ce que j'en ai appris par le Mémoire de M. de Beaulieu, qui l'a fait exécuter devant lui avec tout le ſuccès qu'il devoit en attendre. Je n'y ai cependant point réuſſi, comme je l'ai déja dit ; mais j'avoue que je ne l'ai tenté qu'une fois, & que peu excité par l'inutilité dont étoit cette recherche, & dégoûté par la longueur de l'opération, je n'ai pas cru que cela valût la peine de la recommencer. M. Lefevre, à qui j'ai communiqué le Mémoire de M. de Beaulieu, l'a exécuté depuis, & y a parfaitement bien réuſſi ; mais ce n'a été qu'au bout de ſix mois que la cuve eſt venue en couleur, & lorſqu'il deſeſperoit totalement du ſuccès de l'opération. La raiſon en eſt, que le climat des Indes eſt beaucoup plus chaud que celui-ci ; ce qui fait que la fermentation s'acheve plus promptement. On feroit la même choſe ici, ſi cela pouvoit être de quelque utilité, en tenant les vaiſſeaux dans un lieu ſuffiſamment chaud. Voici le procedé de cette teinture.

On met infuſer dans cinq livres d'eau, une livre treize onces quatre gros d'Indigo, & on l'y laiſſe pendant huit heures, après leſquelles on retire l'Indigo, & on l'écraſe avec les mains, y mettant un peu d'eau pour le bien diſſoudre. A meſure qu'il ſe diſſout, on le verſe dans une jarre, dans laquelle il y a trente-cinq livres de *levain, c'eſt-à-dire du bain de pareille-teinture, qui a déja ſervi*; car les Teinturiers en conſervent toujours, croyant que ſans cela ils ne pourroient pas réuſſir à faire venir leurs teintures en couleur; ils regardent même la préparation de ce levain, comme un ſecret qui eſt connu de peu d'entr'eux, & les Peres en établiſſant leurs Enfans, leur donnent en mariage un certain nombre de jarres remplies de cette liqueur. Il eſt vrai-ſemblable néanmoins que cette liqueur ne fait qu'accelerer l'opération; car M. Lefevre y a réuſſi ſans ſe ſervir de ce levain, quoique M. de Beaulieu eût eu la précaution d'en apporter; mais il s'étoit corrompu en chemin.

Tandis que l'Indigo eſt en infuſion dans cette liqueur, on met cuire trois livres un quart de Taquaviré, ou Tantipatoulau, dans ſept livres & demie d'eau douce. A meſure que l'eau ſe conſume, on y en ajoute peu à peu juſqu'à cinq livres, & on continue la cuiſſon juſqu'à ce qu'il ne reſte plus d'eau, & que la graine ſe puiſſe écraſer facilement; on la retire alors, on l'écraſe avec les mains, on la délaie avec cinq livres d'eau froide, & l'on jette le tout dans le vaſe où l'on a déja mis l'Indigo avec le levain de bleu; on mêle bien cette compoſition, on l'expoſe au ſoleil pendant le jour, ayant ſoin de la garder du ſerein de la nuit, & on continue de la remuer pluſieurs fois le jour, juſqu'à ce que la liqueur devienne verte, & alors elle eſt en état de ſervir.

Lorſque l'on voit que la cuve eſt prête à venir en couleur, on met dans un tamis deux livres de chaux de Coquilles, & vingt livres de Chaourou, qui eſt un ſable qui ſe trouve au bord de la Mer; on jette ſur ce mélange trente-deux livres d'eau douce, & lorſqu'elle a paſſé ainſi une fois, on la rejette ſur la même matiere pour la rendre plus forte, après quoi on la mêle avec la compoſition de bleu, & on brouille bien le tout enſemble, ayant ſoin de tenir le vaiſſeau couvert. Le lendemain on y ajoute encore ſept livres & demie de cette leſſive préparée de la même maniere, & on commence à travailler ſur la cuve.

C'eſt de cette maniere que l'on prépare le bleu à Mazulipatan ; on ſuit à Pondicheri une autre méthode, que M. de Beaulieu a pareillement fait exécuter devant lui, & dont il a fait une deſcription exacte.

Quoique nos procedés ſoient plus ſimples & plus faciles, & que la couleur en ſoit tout auſſi belle & auſſi ſolide, je ne laiſſerai pas de la rapporter ici pour les raiſons que j'ai déduites au commencement de ce Chapitre.

Maniere de faire la cuve d'Indigo à Pondichery.

Prenez dix-huit onces un ſixieme d'Indigo, mettez-les infuſer dans dix ſerres d'eau douce, ôtez l'Indigo & le broyez, afin qu'il devienne en bouillie, en y jettant de tems en tems de cette eau, & jettez deſſus ſoixante-trois livres de levain.

Dans un autre vaiſſeau, mettez quatorze gros de Couperoſe verte, autant de Salpêtre rafiné, avec une livre de chaux de Coquilles, & quatre ſerres d'eau douce ; laiſſez diſſoudre le tout.

Dans un autre vaiſſeau, mettez quatorze ſerres d'eau douce, trois livres de Taquaviré, que vous ferez cuire à petit feu, & à meſure qu'il épaiſſira, vous y ajouterez un peu d'eau, juſqu'à ce que la graine puiſſe être écraſée. Lorſque vous l'aurez écraſée, mettez-y environ neuf ſerres d'eau, après quoi mettez les deux dernieres compoſitions avec la premiere, en remuant, afin de mêler le tout ; & l'expoſez au Soleil, en la retirant la nuit, juſqu'à ce qu'elle devienne en couleur.

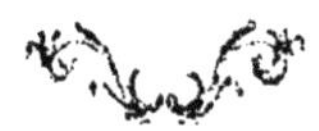

CHAPITRE II.

De la maniere dont ſe fabrique la Toile Peinte en France, &c.

ON peut diſtinguer les Toiles Peintes, en deux eſpeces générales; les unes ſont deſſinées à la main, & les autres imprimées avec des moules. Celles qui ſe font à Pondicheri, à Maſulipatan, & dans la plûpart des autres endroits de la Côte de Coromandel, ſont toutes deſſinées & peintes à la main: j'en ai cependant vu quelques-unes fabriquées dans d'autres endroits de l'Inde, & en Perſe, qui ſont imprimées; mais elles ſont très rares. Celles qui ſe font en Europe, au contraire, ſont preſque toutes imprimées, & je ne crois pas qu'il y ait aucune fabrique où elles ſe travaillent autrement. Ainſi voilà une premiere notion générale pour diſtinguer aſſez facilement les unes d'avec les autres, & on ne peut gueres ſe méprendre à une Toile imprimée; car le deſſein ſe répete à l'extrémité de chaque planche. On apperçoit même facilement la jonction d'une planche à l'autre, quelque exactitude qu'on ait apportée dans l'impreſſion, & toutes ces répétitions de planches ſe reſſemblent parfaitement; au lieu que lorſque le deſſein a été fait à la main, il s'y trouve toujours des différences très ſenſibles, quoiqu'il ſoit répété pluſieurs fois dans le cours de la Piece.

On peut encore regarder, ſi l'on veut, comme une troiſieme ſorte de Toile Peinte, celles dont le trait ſeul eſt imprimé, & dont tout l'intérieur des fleurs eſt peint à la main. Je me ſuis ſervi très ſouvent de cette maniere, pour éviter la peine & la dépenſe de faire graver des contre-planches, ainſi que je l'expliquerai dans la ſuite, d'autant que mes Eſſais n'étoient pour la plûpart que de la grandeur d'une feuille de papier, ce qui n'étoit gueres plus long à peindre qu'à imprimer ; mais je ne crois pas qu'il y ait de véritable Fabrique où l'on travaille de la ſorte, à moins que ce ne ſoit pour quelque couleur dont il n'y a que très peu dans la Piece. En tout cas, s'il s'en trouve de cette eſpece, on peut être aſſuré qu'elles ſont fabriquées en Europe ; car cette pratique eſt abſolument inconnue aux Indes.

Je vais donner la maniere de peindre une Toile de toutes les couleurs poſſibles, & l'on jugera facilement de ce qu'il y aura à retrancher de cette opération, lorſqu'on ne voudra la faire que d'une, deux, ou trois couleurs ; mais pour n'avoir rien à desirer sur ce travail, j'ai peint avec tout le soin possible un morceau de Toile, d'après un morceau des Indes le plus parfait que j'aie jamais vu, & dans lequel il y avoit seize couleurs ou nuances différentes très distinctes, le tout dans un seul bouquet, & que j'ai imité de façon qu'on auroit eu de la peine à le distinguer de l'original, s'il avoit pu être placé sur la même piece de Toile.

On peut peindre sur la Toile de Lin & de Chanvre, comme sur celle de Cotton, ainsi que je l'ai éprouvé plusieurs fois; mais cette derniere prend mieux la couleur, ainsi je ne parlerai ici que de la Toile de Cotton. Comme celle qu'on nous apporte des Indes est presque toujours apprêtée avec une eau de Ris, il faut commencer par la bien dégorger; ce qui se fait en la faisant tremper pendant vingt-quatre heures dans l'eau froide bien claire & bien nette, la remuant, la frottant & la tordant de tems en tems pour en bien détacher l'apprêt; & si l'on voit qu'il en reste encore, on la mettra dans l'eau tiede pour achever de l'enlever; on la lavera ensuite dans une eau courante, ou dans une grande quantité d'eau froide bien nette, après quoi on la tordra & on la fera secher.

La seconde préparation se nomme Engalage; elle se fait en prenant pour dix aunes de Toile, quatre onces de Noix de Galle bien pilées, qu'on jette dans deux seaux d'eau froide; on brouille le tout, & on y met tremper la Toile, qu'on a soin d'y bien manier, afin qu'elle se mouille également. On laisse tremper la Toile dans cette eau, une heure & demie ou deux heures; après quoi on la retire, on la tord & on la met ſecher à l'ombre. Lorſqu'elle eſt ſeche, elle a un œil jaunâtre; on l'étend bien ſur une table, où même on la calendre legerement, comme on le dira ci-après, afin qu'elle ſoit bien unie.

La Toile étant ainſi bien préparée, on ponce le deſſein que l'on veut y peindre, & on en deſſine le trait à la plume, avec les Mordans dont nous allons parler dans un moment. Tous ces Mordans doivent être épaiſſis avec de la Gomme Arabique, pour pouvoir être employés ſur la Toile ſans couler, & s'y imbiber. Pour les gommer avec facilité, l'on aura de la Gomme pulvériſée que l'on y mêlera dans la proportion néceſſaire que l'uſage ſeul peut apprendre, parcequ'il en faut moins lorſque le Mordant doit être employé à la plume, que quand c'eſt au pinceau; & dans ce ſecond cas il en faut encore moins que lorſqu'on l'applique avec la planche : mais nous ne parlerons point maintenant du travail qui ſe fait avec la planche ; il n'eſt queſtion que de la plume & du pinceau.

Pour faire le Noir.

Pour faire le trait noir, on fait bouillir une livre & demie de limaille de fer, avec partie égale d'eau & de vinaigre, c'eſt-à-dire une pinte d'eau & une de vinaigre ; & lorſque ce mélange a bouilli un quart-d'heure, on le retire du feu, & on le laiſſe repoſer vingt-quatre heures, le remuant de tems en tems : on verſe enſuite la liqueur par inclination, & on la conſerve dans des bouteilles auſſi long-tems que l'on veut. Pour s'en ſervir, on l'épaiſſit avec de la Gomme, comme il a été dit ci-deſſus. On fait cette liqueur de pluſieurs manieres ; car il y a des Ouvriers qui ne font autre chose que de mettre de vieux morceaux de fer dans de la petite biere aigrie avec un peu de levain ; d'autres font dissoudre de la limaille de fer dans un mélange d'une partie d'eau forte, & de trois ou quatre parties d'eau. Toutes ces manieres sont à-peu-près également bonnes, puisqu'il ne s'agit que d'avoir une eau colorée par la rouille du fer. On appelle communément ce Mordant, liqueur, ou eau de ferraille. Si on l'appliquoit sur la Toile sans être engallée, elle ne feroit qu'une couleur d'un jaune plus ou moins foncé, suivant qu'elle seroit plus ou moins chargée de fer. Nous verrons par la suite qu'on en peut faire une jolie espece de Toile Peinte, qui imite assez bien les broderies des Indes. Cette couleur est extrêmement solide, & ne s'en va pas même à la lessive ;

c'eſt ce qui fait qu'il y a des gens qui s'en ſervent pour marquer le linge. On peut néanmoins l'emporter avec des acides, comme le Citron, le Vinaigre, l'eſprit de Vitriol; mais avec des Alkalis on la fait reparoître.

On ſe ſert de cette liqueur, épaiſſie autant qu'il convient, pour tracer ſur la Toile tous les traits, les contours, ou les parties du deſſein qui doivent être noires. Lorſque cet ouvrage eſt fini & ſec, on applique le Mordant pour le Rouge obſcur.

Le Rouge obſcur.

Ce Mordant ſe fait avec huit parties d'Alun de Rome, deux parties de Soude d'Alicante, & une partie d'Arſenic blanc; on pile toutes ces matieres, & on les fait diſſoudre à froid, dans ſoixante parties d'eau, ou environ; cette

cette proportion ne demandant pas une exactitude bien ſcrupuleuſe. On jette dans cette liqueur quelques petits morceaux de Bois de Breſil, afin de lui donner un peu de couleur, & qu'on puiſſe diſtinguer ſur la Toile les endroits où elle aura été appliquée ; car il ne reſte rien de cette couleur du Breſil lorſque la Toile eſt achevée, & le Mordant n'en fait pas moins ſon effet. Il eſt pourtant bon de le faire, pour la raiſon que nous venons de dire.

Autre Mordant obſcur.

On prépare encore un beau Mordant pour le rouge, en mettant dans une pinte d'eau, une once & demie d'Alun de Rome, un gros & demi du Sel de tartre, ou de cendres gravelées, & un gros d'Eau forte. Ces deux Mordans font à-peu-près la même nuance, on les gomme pour s'en ſervir, comme nous avons dit du noir de ferraille, & on forme avec la plume & cette liqueur, tous les traits qui doivent être rouges. On couvre pareillement de ce Mordant avec le pinceau, les endroits qui doivent être d'un rouge le plus foncé, qu'on peut appeller les ombres; après quoi on laiſſe ſecher la Toile pendant quelques heures.

Il eſt bon d'avertir qu'après que la Toile a été engallée, & pendant le cours des deux opérations que nous venons de décrire, il faut prendre extrêmement garde d'y faire des taches, parcequ'elles ſont beaucoup plus difficiles à emporter que dans la ſuite, & lorſque la Toile a été bouillie; ce qui eſt la premiere opération qu'il y a à faire lorſqu'elle eſt dans l'état que nous l'avons laiſſée.

Pour bouillir la Toile, il faut

commencer par la laver, & cette manœuvre n'eſt pas auſſi ſimple qu'elle le paroît d'abord ; car il faut empêcher que les Parties où il y a de la couleur ne tachent le fond de la toile. Pour cela, il la faut laver en très grande eau ; & même, ſi l'on a pluſieurs aunes de Toile, il faut que ce ſoit en eau courante, où dans un très grand baſſin, afin que la petite portion de Mordant qui s'enleve avec la Gomme, ſe trouve extrêmement étendue, & qu'elle ne puiſſe pas s'attacher en quelque endroit de la Toile, ou elle feroit une tache. On évitera cet inconvénient, en plongeant tout-à-coup la Toile en grande eau, la braſſant & l'agitant ſans ceſſe, juſqu'à ce que l'eau ait emporté la plus grande partie de la Gomme ; on la frottera bien enſuite ſans la tirer de l'eau, ayant ſoin de manier chaque partie ſucceſſivement, & prenant garde qu'il ne se fasse des plis qui soient long-tems sans être défaits ou changés. Enfin on ne sauroit trop prendre de précaution pour qu'elle soit bien lavée, parceque c'est de-là que dépend toute la propreté de l'ouvrage. On la retirera ensuite de l'eau, & on la garencera sans la faire secher; ou si quelque autre occupation obligeoit de la laisser secher, on la mouilleroit de nouveau avant que de la bouillir ou garencer, afin que la couleur prenne plus également.

Le Garençage.

La Toile étant mouillée & tordue, on mettra dans une chaudiere, de l'eau à proportion de la quantité de Toile qu'on veut bouillir. Lorsqu'elle commencera à tiédir, on y jette de bonne Garence-grappe broyée avec les mains, & on la remue ensuite avec un bâton. Il n'est pas bien important d'en fixer exactement la dose ; mais pour en avoir à-peu-près l'idée, nous dirons que pour dix aunes de Toile, on met environ une livre de Garence, dans deux seaux d'eau. Lorsque la Garence est bien mêlée, & que l'eau est chaude à n'y pouvoir souffrir la main qu'avec peine, on y plonge la Toile, & on la retire à plusieurs reprises, afin qu'elle prenne la couleur également ; il est bon même de la mettre sur un tour, comme les Teinturiers le font par rapport aux Etoffes qu'ils teignent : cela fait toujours mieux lorsqu'on en a une grande quantité à bouillir à la fois. Mais si l'on n'a pas la commodité d'un tour, on la remuera jusqu'à ce qu'elle soit trempée bien également ; on la laissera ensuite reposer un moment dans la chaudiere, afin qu'elle prenne un bouillon ; après quoi on la retirera, on la plongera dans l'eau froide, & on la lavera le plus qu'il sera possible, en changeant d'eau très souvent, & jusqu'à ce qu'elle en sorte claire.

On fera bouillir ensuite quelques poignées de son dans de l'eau nette ; & après qu'elle aura bouilli, on la retirera du feu, on la passera par un linge afin d'en ôter le son, & on lavera bien la Toile dans cette eau chaude, elle y perdra une partie de la couleur que son fond a prise dans la Garence, & on la lavera une seconde fois dans l'eau froide, après quoi on la fera secher. On verra, lorsqu'elle sera séche, que le fond est d'une assez vilaine couleur de rose ; mais les endroits où l'on a mis du Mordant pour le rouge, seront d'un rouge foncé ; & les traits noirs, d'un noir plus foncé & plus beau qu'ils n'étoient auparavant ; il faut alors la bien étendre de nouveau, ou même la calendrer ou la lisser, pour y appliquer les Mordans pour les differentes nuances de rouge, pour le Violet, le Pourpre & le Gris-de-Lin.

Le Rouge clair.

Pour le Rouge clair, on prendra une once d'Alun, & une once de Crême de Tartre, que l'on dissoudra dans une pinte d'eau, & que l'on gommera à l'ordinaire. On imagine sans peine que pour avoir des nuances plus claires, il n'y a qu'à mettre moins d'Alun & de Crême de Tartre, ou le noyer dans une plus grande quantité d'eau; & que pour en avoir de plus foncées, il n'y qu'à mêler dans ce Mordant, un peu de celui que nous avons dit qu'il falloit employer pour le Rouge-brun. Ainsi nous ne nous étendrons pas davantage ſur les nuances du Rouge.

Le Violet.

Pour le Violet, on prend quatre onces d'Alun de Rome, une once de Vitriol de Chypre, une once de Verd-de-gris, une demie once de Chaux vive, une once d'Eau de Ferraille; & c'eſt en variant les doſes de Chaux & d'Eau de ferraille, qu'on aura les différentes nuances de Violet & de Pourpre; on mêle le tout dans une pinte d'eau, & on le gomme à l'ordinaire.

La couleur de Pourpre.

Pour le Pourpre, on ne fait qu'augmenter la quantité d'eau de ferraille, il n'eſt pas poſſible de donner des proportions exactes pour faire ces différentes nuances, ni même celle du Gris-de-lin.

Le Gris-de-lin.

On fait cette derniere, en mêlant le Mordant du Rouge clair avec celui du Violet ; mais il n'y a que l'usage qui puisse guider sur la proportion de ces mélanges ; il est même assez rare que l'on fasse du premier coup la nuance que l'on desire, & le mieux est de faire l'essai de ces Mordans sur des petits morceaux de Toile inutiles, & de les conserver tout faits pour achever la Piece entiere ; car il seroit très difficile, pour ne pas dire impossible, de refaire un Mordant qui donnât à coup sur la même nuance, qu'un autre dont on n'auroit pas eu une assez grande quantité, pour faire tout ce qui doit être de la même couleur. Tous ces Mordans s'emploient de la même maniere ; & après qu'ils sont gommés suffisamment, on les applique avec le pinceau dans les endroits où doivent être les couleurs qne chaque Mordant particulier doit produire. Le Mordant du Rouge clair doit être coloré avec un peu de bois de Bresil, comme nous l'avons dit de celui du Rouge brun, afin de voir les endroits où l'on en aura mis, & ne pas repasser deux fois sur la même fleur; ce qui en rendroit la couleur plus foncée qu'elle ne doit être, ou ne pas en oublier d'autres; ce qui, malgré toutes ces précautions, arrive encore très souvent.

Comme nous avons résolu de ne rien omettre dans cette opération, il est à propos de parler des réserves blanches qui se font dans les belles Toiles sur les Rouges, les Pourpres, les Violets, & les Gris-de-lin. C'est avant d'appliquer les Mordans dont nous venons de donner la composition, que l'on dessine ces réserves sur la Toile. Pour cet effet, on fait fondre de la cire dans un petit vaisseau de terre ou de cuivre, sur la cendre chaude; on prend de cette cire fondue avec une plume de métal emmanchée sur un morceau de bois, sans quoi elle s'échauffe si fort, qu'on ne pourroit pas la tenir. Cette facilité à se réchauffer, sert à empêcher que la cire ne se refroidisse trop promptement. On dessine par ce moyen sur les feuilles des fleurs, tout ce qu'on veut qui demeure blanc, & on peut avec cette cire, former des traits aussi déliés que les fils même de la Toile. Lorsque ces réserves sont faites sur les parties Rouges, Violettes, Pourpres, & Gris-de-lin, où il doit y en avoir, on applique, par dessus, le Mordant propre à chacune de ces couleurs, & on les passe sans précaution par dessus les réserves de cire, parcequ'il ne sauroit la pénétrer, & que par conséquent les desseins qu'elle forme, se trouveront dans le même cas que les autres parties de la Toile où on n'aura point mis de Mordant.

Après cette préparation, on lavera la Toile avec le même soin & les mêmes précautions que la premiere fois ; on la frottera bien, sans craindre que la cire s'en détache, parcequ'elle ne sert plus à rien.

Deuxieme Garençage.

On fera bouillir ensuite la Toile, comme on a fait la premiere fois, avec la même quantité d'eau & de Garence ; mais pour rendre les couleurs plus vives & plus belles, on y ajoutera un demi gros de Cochenille pour chaque once de Garence, ou une once par livre. Lorsque la Toile aura bouilli dans ce bain un demi quart-d'heure, on la retirera, on la lavera dans l'eau froide, on la passera ensuite dans une eau de son, comme on a déja fait après le premier garençage, & on la fera secher à l'ombre.

C'est après cette opération que l'on voit l'effet le plus singulier qu'il y ait dans tout le cours du travail; car la même matiere colorante, qui n'est qu'un mélange de Garence & de Cochenille, a pris différentes nuances, & même différentes couleurs, suivant les différens Mordans qui ont été appliqués sur la Toile; ces Mordans ne sont pourtant que des sels, & n'ont fait que séjourner un moment sur la Toile; aucun n'y est demeuré, on peut même dire qu'ils n'ont exercé leur action que pendant très peu de tems; c'est-à-dire pendant qu'ils ont demeuré en état de liquidité; ce qui dure très peu, au moyen de la quantité de Gomme qu'on eſt obligé d'y mêler. Il eſt certain que lorſque le Mordant eſt une fois ſec, les ſels qu'il contient ne peuvent plus agir : l'impreſſion qu'il fait ſur la Toile eſt donc faite en moins d'un demi quart-d'heure. On ne peut pas dire qu'il recommence à agir, lorſqu'on fait bouillir la Toile avec la matiere colorante, car les ſels de la Gomme ne ſont plus ſur la Toile, ils ont été entierement emportés lorſqu'elle a été lavée ; ainſi c'eſt le changement qui eſt arrivé aux petites parties du fil par l'action des ſels, qui fait que la même matiere, prend diverſes couleurs, ſuivant la diverſité, ou la différente proportion de ces ſels entr'eux. Il faut avouer que le plus habile Phyſicien ſeroit très embarraſſé à donner des raiſons ſeulement plauſibles d'un effet ſi ſingulier. Mais revenons à notre opération.

Lorſque la Toile eſt ſeche, on voit toutes les couleurs dont on a apliqué des Mordans dans leur état de perfection; & telles, à peu de choſe près, qu'elles doivent demeurer. Le fond de la Toile où il n'y a point eu de Mordant, eſt d'un Rouge terne, de même que les réſerves qui ont été faites avec la cire; d'autant que s'étant fondue dans le bain bouillant, la couleur s'eſt attachée deſſus : mais comme la cire avoit empêché le Mordant d'agir en ces endroits-là, ils n'ont pris qu'une couleur rougeâtre comme le fond. Il s'agit maintenant d'enlever ce rouge du fond de la Toile, & de la rendre blanche comme elle le doit être; c'eſt ce qui ſe fait ſur le Pré, & de la même maniere que l'on blanchit les Toiles ordinaires.

La ſaiſon la plus propre pour ce travail, eſt le Printems, à cauſe de l'abondance des roſées; mais on le peut faire auſſi pendant l'Eté, & principalement vers l'Automne ; on paſſe pluſieurs fils aux bords & aux coins de la piece de Toile qu'on veut blanchir, & on l'étend à l'envers ſur un Pré, avec des piquets paſſés dans chacun des fils, enſorte qu'elle ſoit bien étendue ; on l'arroſe enſuite ſept à huit fois le jour, ou plutôt, auſſi ſouvent qu'il eſt néceſſaire, pour qu'elle ne ſoit jamais entierement ſeche, parceque le ſoleil en altéreroit les couleurs. On voit chaque jour le fond blanchir, & les couleurs prendre plus de vivacité. Il ſuffit au Printems de cinq ou ſix jours pour la blanchir entierement; mais en Eté cela va quelquefois à huit ou dix jours. Lorſqu'on eſt content de la blancheur du fond de la Toile, on la retourne, & on la laiſſe un jour entier expoſée, le côté peint en deſſus, ayant ſoin de l'arroſer comme les jours précédens, on la lave enſuite dans l'eau claire, & on la fait ſécher.

Il reſte encore à y mettre le Bleu, le Verd & le Jaune; mais ces couleurs ne s'appliquent pas par le moyen des Mordans, comme les précédentes. Voici de quelle maniere on applique le bleu; on étend la Toile ſur une table couverte de ſable très fin, & l'on enduit tout le fond de la Toile, & même les parties déja colorées, à la réſerve de ce qui doit être Bleu & Vert, d'une compoſition faite avec partie égale de ſuif & de cire, qu'on tient en infuſion dans un vaiſſeau de terre ſur la cendre chaude, ou pour le mieux dans un vaiſſeau de cuivre ou de fer blanc, au Bain-marie; parceque la chaleur ſe conſerve plus facilement égale. On emploie cette compoſition avec un pinceau, & on le doit faire avec beaucoup de précaution, parceque ſi la cire eſt trop chaude, ou qu'on en prenne trop avec le pinceau, elle s'étend plus qu'on ne veut; & si elle n'est point assez chaude, elle ne pénetre point la Toile, & ne la garentit pas suffisamment. Le sable qui est sur la table, arrête la cire, & fait qu'on l'emploie avec plus de facilité. Cette opération est longue, & demande d'être faite avec beaucoup d'exactitude, sans quoi la Toile courroit risque d'être tachée en plusieurs endroits. Lorsqu'un endroit de la Toile est ciré dans toute sa largeur, on jette du sable dessus; il s'y attache, & empêche, lorsqu'on plie la Toile, que les Parties cirées n'engraissent celles qui ne le doivent point être. Si l'on veut faire des réserves blanches sur les parties bleues, on se servira de cire pure & d'une plume de métal, comme nous avons dit à l'égard des autres réserves.

La Toile étant ainſi préparée & cirée dans tous les endroits qui le doivent être, on la plongera dans de l'eau froide, afin que toutes les parties qui ſont découvertes ſe mouillent, & que la teinture y prenne plus également, après quoi on la trempera dans la cuve d'Inde à froid, dont on va donner la compoſition, & on l'y laiſſera plus ou moins long-tems, ſelon que l'on veut l'avoir plus ou moins foncée. Si l'on veut avoir ſur la Toile deux nuances de bleu, on la retirera lorſqu'elle n'aura pris qu'une couleur de bleu céleſte, & on l'étendra pour la faire ſecher. Lorſqu'elle ſera ſeche, on couvrira de cire pure avec la plume, ou de la compoſition avec le pinceau, les endroits qui doivent demeurer de ce bleu pâle, & on la replongera une ſeconde fois dans la cuve d'Inde à froid, pour faire reprendre une couleur plus foncée aux parties qui ſeront demeurées découvertes ; on retirera enſuite la Toile, & on la lavera en eau courante.

Pour enlever la cire de deſſus la Toile, on fera bouillir de l'eau dans une chaudiere ; on y plongera la Toile à pluſieurs repriſes, & on l'enfoncera au fond de la chaudiere, où on la tiendra aſſujettie avec un bâton, la cire ſe fondra & s'élevera ſur la ſurface de l'eau. On éteindra le feu, & lorſque l'eau ſera froide, on enlevera la compoſition, qui peut ſervir comme la premiere fois ; la Toile qui ſera au fond de la chaudiere, ſera parfaitement dégraiſſée, on la lavera dans une eau de ſavon, enſuite dans l'eau claire, & on la fera ſecher.

Cuve d'Inde.

Pour faire la Cuve d'Inde, ſur

douze pintes d'eau de mare ou de riviere, & non de puits, on mettra deux onces de garence, une poignée de son & huit onces de cendres gravelées que l'on fera bouillir un demi quart-d'heure, puis on la laissera reposer la même distance de tems, & l'on prendra le clair, & non le marc. On aura une livre d'Indigo bien battu en poudre, que l'on mettra dans un chaudron de cuivre, ou autre vaisseau, pourvu que ce ne soit point une casserole, ou vaisseau plat ; car il faut que le feu ne soit qu'au tour du vaisseau, & point dessous, pour que le marc ne monte point : on jettera la liqueur ci-dessus dite, & non le marc avec l'Indigo. On remuera bien le tout avec un bâton, & on le laissera pendant deux ou trois jours proche du feu, qu'il faut faire égal, pour que la chaleur soit toujours la même, & qu'on n'y puisse tenir le doigt qu'à peine; & quand la Teinture deviendra verte d'émeraude, on y mettra le doigt : s'il est teint en bleu, on pourra le lendemain en prendre pour s'en servir.

Le Jaune clair, & le Verd.

Il ne reste plus maintenant que les parties qui doivent être vertes ou jaunes. Pour les faire, on met dans une pinte d'eau, deux onces de graine d'Avignon, qu'on y fait bouillir jusqu'à la réduction d'un tiers; on ajoute à cette décoction, deux onces d'Alun, & la quantité de Gomme nécessaire pour la pouvoir employer au pinceau. Cette liqueur appliquée sur le blanc fait un beau jaune, & entierement semblable à celui des Indes; & si on l'applique sur le Bleu, elle fait un Vert pareil à celui des Indes, & enfin si l'on l'applique ſur le Rouge clair, elle fait une fort belle couleur de Souci. On juge bien, que pour varier les nuances de ce Vert ou de ce Jaune, on peut augmenter ou diminuer la doſe de la graine d'Avignon, ou l'appliquer ſur le Bleu le plus clair, ou le plus foncé.

Verd brun ou olive, & couleur de Tabac d'Eſpagne.

Si on vouloit un olive brun, il n'y auroit qu'à paſſer ſur le bleu, de l'eau de ferraille ; la même couleur ſur la Toile blanche, fournira auſſi une nuance de jaune, que ne donneroit pas la Graine d'Avignon ; & ſur le Rouge clair, une autre que ne donneroit pas cette premiere. Si on met de la Couperoſe dans la liqueur de ferraille, on aura un Jaune extrêmement brun, & ſemblable à la couleur de Tabac d'Eſpagne. Lorſque la Toile a reçu cette derniere opération, il la faut laver de même que l'on a fait après les Mordans; c'eſt-à-dire à fond, & juſqu'à ce que l'eau en ſorte claire, & enſuite on la fera ſecher pour lui donner l'apprêt.

Cet apprêt ſe fait avec un peu d'Amidon qu'on fait cuire dans de l'eau, & dont on frotte enſuite la Toile, l'humectant avec de l'eau à proportion de la force que l'on veut donner à l'apprêt : on étendra enſuite la Toile, & on la laiſſera ſecher. Quelques Ouvriers ſe ſervent de colle de poiſſon, ou d'eau de ris; mais celui que nous venons de donner eſt le plus ſimple, & fait tout auſſi bien que les autres. Lorſque la Toile eſt ſeche, il faut la liſſer ou la calendrer. La machine dont on ſe ſert pour cet effet eſt fort ſimple. On a une table bien propre, & on l'établit fort ſolidement ſur deux

deux traiteaux, & appuyée contre un mur. On attache ſur cette table une eſpece de couliſſe de bois, qui peut avoir deux pouces ou environ de diametre intérieur, & qui eſt diſpoſée, enſorte qu'elle faſſe avec le mur deux angles droits; elle doit être chevillée ſur la table par deſſous, afin que les têtes ou bouts des chevilles ne ſe trouvent point dans la rainure, parceque cela pourroit percer la Toile, ou la déchirer. On a un bâton droit & inflexible de ſix ou ſept pieds de long, qui doit être pendant le travail dans une ſituation verticale: il porte à ſon bout inférieur une pomme d'Agathe, ou d'autre pierre ronde & polie que l'on doit mener dans la couliſſe de bois avec la main droite qui tient le bâton auquel eſt emmanchée la pomme d'Agathe; ce qui ſe fait en approchant & éloignant alternativement de ſon corps

& du mur le bout inférieur de ce bâton vertical qui doit appuyer avec force ſur la couliſſe ; & pour cet effet il y a une perche attachée au plancher de la chambre par un bout ; elle en eſt éloignée vers ſon milieu par le moyen d'un coin, ou d'un morceau de bois ſemblable : le bout ſupérieur du bâton vertical, porte un pointe qui entre dans un trou qui eſt au bout de cette perche, qui fait reſſort, & qui par conſéquent appuie ſur le haut du bâton avec force ; il ſuffit alors de faire mouvoir le bâton dans la couliſſe, & la pomme d'Agathe y appuiera toujours avec une force uniforme. Pour liſſer la Toile avec cette machine, on la met ſur la table à droite de l'Ouvrier, & on en met un bout entre la couliſſe & la pomme d'Agathe, on fait mouvoir cette pomme dans la couliſſe, avec la main droite, & on ſe ſert de la gauche pour tirer la Toile, & faire passer successivement toutes les parties sur la coulisse. On passe legerement un morceau de cire blanche sur la Toile, avant que de la calandrer, afin qu'elle soit plus brillante, & on mouille de tems en tems avec une éponge legerement humectée la coulisse, afin que la Toile s'y arrête plus facilement, & qu'elle ne glisse pas. Lorsque la Toile a été toute calandrée d'un bout à l'autre, on la plie & on la met pendant quelques jours à la presse.

Il y a encore une autre construction de calandre; la voici: elle est aussi fort commode & très en usage à Paris. On n'a qu'à supprimer la coulisse dont on vient de parler, laquelle est appliquée & clouée sur la surface de la table; & supposant que cette table soit infiniment unie, si à la place de la pomme d'Agathe que nous avons ſuppoſée être placée au bout inférieur du bâton ; on met un verre à calandrer, lequel eſt fait comme la patte d'un verre ; maſſif dans ſa capacité, & dont la queue a neuf à dix pouces de long, & un & demi de diamettre ; & la patte ou le large qui doit liſſer la Toile, environ ſix pouces de diamettre, lequel eſt rond comme la queue, plat au-deſſus, & un peu convexe au-deſſous, faiſant la figure parfaite d'un champignon ; on s'en ſervira parfaitement, en exécutant le procedé que nous avons détaillé pour la premiere calandre.

On trouvera ſans doute ce travail bien long & bien pénible ; mais il faut conſiderer que nous avons pris pour exemple une Toile où ſe trouvent toutes les couleurs poſſibles, & qu'il eſt très rare qu'on en trouve de cette eſpece ; la plûpart n'ont au plus que deux ou trois couleurs, & dans ce cas le travail est infiniment moindre : on a même encore trouvé le moyen d'abréger l'opération du Bleu & du Verd, qui demande beaucoup de tems suivant le procédé que nous venons de rapporter. Mais quoique par ce moyen les couleurs aient pour le moins autant d'éclat, il s'en faut bien qu'elles aient la même solidité ; aussi ne sont-elles faites qu'avec des ingrédiens du petit teint. Cependant, pour ne rien obmettre de ce qui regarde un Art aussi curieux, & qui, à ce que je crois, n'a jamais été décrit, je vais donner la maniere de faire le Bleu & le Verd sans cirer la Toile, même le Rouge & le Violet, sans être obligé de la mettre sur le Pré.

leur eſt ſeche, on pourroit en paſſer une ſeconde & davantage, juſqu'à ce qu'elle fût auſſi foncée qu'on le deſireroit.

C'eſt un fait de phyſique bien ſingulier, que l'air puiſſe produire un effet auſſi prompt & auſſi conſidérable ſur cette liqueur. J'avois ſoupçonné d'abord que la lumiere ou le jour pouvoit y avoir quelque part; mais j'ai fait des cuves d'Indigo dans des Cucurbites de verre, & même dans des gobelets de criſtal, le bain n'en a pas été moins ſenſible à l'action de l'air, il a déverdi ſi-tôt qu'il y a été expoſé, il eſt devenu bleu & abſolument inutile à la teinture. J'ai fait des cuves en petit, très chargées d'Indigo, mais toujours infructueuſement; & ſi un paſſant étranger à qui j'ai l'obligation de l'eſpece de Bleu dont les Ouvriers Anglois ont le ſecret, ne m'avoit tiré de l'embarras où j'étois, en me le

CHAPITRE III.

De la maniere d'appliquer les couleurs ſur la Toile blanche, telle qu'on l'exécute en Hollande & en Allemagne.

VOICI les couleurs propres à être appliquées ſur la Toile blanche, après en avoir ôté l'aprêt ; ce qu'on fera comme nous l'avons enſeigné dans le Chapitre précédent.

COULEURS MOINS DURABLES.

Pour faire le Noir.

Pour faire le trait noir, on fait une forte décoction de bois d'Inde, de Noix-de-galle & de Verd-de-gris, ou bien de Couperoſe; en voici les doſes. Sur une pinte d'eau, mettez quatre onces de bois d'Inde, une once de Noix de-galle, une once de Verd-de-gris, ou une once de Couperose verte; faites-la réduire à un tiers; tirez-la hors du vaisseau, & la gommez pour vous en servir.

Le Rouge.

Pour le Rouge; mettez sur une pinte d'eau, quatre onces de Bois de Bresil; faites-la réduire au tiers, la couleur sera très foncée. Si on veut un Rouge clair, en la faisant réduire à la moitié, il sera comme on le souhaite. Lorsqu'on a tiré cette liqueur du vase, on y met un peu d'Alun & la Gomme nécessaire pour s'en servir.

Le Bleu.

Pour le Bleu, on fait une décoction de Bois d'Inde; c'est-à-dire que sur deux onces de Bois d'Inde, on y met une pinte d'eau; on fait bouillir cette compoſition à moitié, & on la retire du vaſe; on y mêle un peu de Vitriol de Chypre pulvériſé, & on la gomme à l'ordinaire pour s'en ſervir.

Le Verd.

Pour le Verd, on met ſur quatre onces de Bois d'Inde, une pinte d'eau, on la fait réduire à un tiers; lorſque cette décoction eſt faite, on la retire du vaſe, & on y met un peu de Verd-de-gris pulvériſé, avec de la décoction de Graine d'Avignon, dans laquelle il n'y ait point d'Alun, & on épaiſſit ce mélange avec une ſuffiſante quantité de Gomme; ce verd eſt d'une beauté admirable, & fort au-deſſus de celui qui ſe fait avec la cuve d'Inde; mais il n'a pas, à beaucoup près, la même ſolidité. Pour avoir les differentes nuances de ce Verd, il n'y a qu'à varier les doſes des décoctions de Bois d'Inde & de Graine d'Avignon.

Le Violet.

La même décoction de Bois d'Inde fait encore un très beau Violet, & on y mêle ſeulement un peu d'Alun pulvériſé.

Il faut obſerver, en faiſant toutes ces couleurs avec le bois d'Inde, que la moindre quantité de matiere étrangere fait tourner la décoction, & fait précipiter la feuille qui coloroit la liqueur, ſans qu'elle puiſſe jamais ſe raccommoder; enſorte qu'on ne ſauroit apporter trop de précaution pour faire ces couleurs avec beaucoup de propreté: mais auſſi lorſqu'elles ſont faites, elles peuvent ſe garder cinq à ſix jours ſans ſe gâter, à l'exception du Bleu qu'il faudra employer dans deux ou trois jours, ſans quoi la couleur n'eſt plus belle (a).

Quelques Ouvriers d'Angleterre ont trouvé le moyen d'employer au pinceau, ou d'imprimer à la planche, le Bleu de bon teint fait avec l'Indigo ; ce qu'il eſt impoſſible de faire avec les cuves ordinaires, comme je l'ai éprouvé pluſieurs fois, & nous ferons à cette occaſion une obſervation qui eſt aſſez curieuſe. Si l'on tranſporte le bain de la cuve d'Indigo dans un autre Vaiſſeau, il ne donne preſque plus de couleur ; cette couleur même s'en va en la lavant ſimplement avec de l'eau. Ce fait eſt plus ſingulier qu'il ne le paroit du premier coup d'œil, & je l'ai examiné avec beaucoup d'attention : ſi l'on plonge dans une cuve d'Indigo neuve & bien grande, un

(a) Toutes les couleurs de ce troiſieme Chapitre peuvent être épaiſſies avec de l'Amidon, faute de Gomme Arabique, à l'exception du Bleu d'Angleterre ci-après, &c.

morceau de Toile, il se teint sur le champ, & sa couleur est extrêmement solide. Si l'on prend avec un pinceau du bain de la même cuve, & que dans l'instant même on l'applique sur de la Toile, il fait une tache verte qui devient bleue l'instant d'après, & cette couleur est aussi solide que si on l'avoit plongée dans la cuve; mais cela ne peut être d'aucun usage pour ainsi dire, pour la Toile Peinte; premierement, parceque ce Bain de la Cuve n'est point épaissi avec la Gomme, & que par conséquent il s'imbibe & s'écarte sur la Toile. Secondement, quand même on pourroit la gommer sans gâter la cuve, il seroit trop clair, & trop peu chargé de couleur pour la Toile Peinte. Enfin la troisieme raison à laquelle je ne connois pas de remede, c'est que lorsqu'on a pris du Bain de la cuve avec un pinceau, pour peu qu'on tarde neuf à dix secondes à l'employer, il devient bleu, de verd qu'il étoit : & alors il perd toute sa solidité, & s'en va, comme nous l'avons déja dit, en le lavant simplement avec de l'eau. Je viens de faire remarquer que si le bain ou liqueur fait avec l'Indigo n'est pas épaissi avec la Gomme, lorsqu'on veut l'appliquer sur la Toile, il s'écarte & s'imbibe, & que même la couleur est trop claire ; pour remédier à ces deux inconveniens, on pourroit border le contour des parties qu'on veut faire bleues avec de la cire fondue, de la même maniere que nous avons dit dans le deuxieme chapitre au sujet de cette même opération. Alors on ne craindroit plus, lorsqu'on prendroit avec le pinceau du bain de la cuve, que cette liqueur s'écartât, ne pouvant passer la cire qui s'y oppose ; & lorsque cette premiere couche de cou-

donnant, je chercherois encore ; parcequ'il est d'un grand secours, & abrege beaucoup l'opération : le voici.

Cuve d'Angleterre.

Faites bouillir dans une chopine d'eau de mare ou de riviere, deux onces d'Indigo concassé, deux onces de cendres gravelées, demie once de chaux éteinte à la main (*a*), faites, dis-je, bouillir le tout ensemble pendant une heure, le remuant de tems en tems. Comme il ne faut point que cette liqueur cesse de bouillir un moment à feu égal, le marc pourra monter ; lorsque cela arrivera, jettez dessus un peu d'eau pour le faire abbaisser.

(*a*) C'est-à-dire qu'on met la chaux vive sur une écumoire percée, & l'on jette de l'eau sur la chaux, en tenant l'écumoire haute jusqu'à ce que la chaux commence à se dissoudre à sec,

Mettez dans deux pintes d'eau de mare ou de riviere, quatre onces de Couperose verte & quatre onces de chaux éteinte à la main, & lorsque ces ingrédiens seront fondus, jettez-y dessus la composition dont on vient de parler précédemment, & remuez le tout avec un bâton de tems en tems, c'est-à-dire de deux heures en deux heures; lorsqu'on verra que la cuve vient en couleur, ou verd d'émeraude, l'on pourra s'en servir, en l'épaississant avec un Syrop fait avec du sucre & de l'eau. Si dans la suite cette couleur se ternit, & qu'elle devienne d'un verd bleuâtre, on la fera revivre en y jettant de la Couperose avec une ou deux pincées de chaux éteinte à la main; mais le tout dissous dans l'eau, avant que de le jetter dans la cuve.

Les nuances de couleur de cette cuve peuvent être variées à l'infini, en augmentant ou diminuant la quantité d'eau de la seconde préparation ; car l'on peut mettre ſur une livre d'Indigo juſqu'à quatre-vingts pintes d'eau : pour lors elle ſera extrêmement claire, & approchera de la nuance des cuves ordinaires de France, dont nous avons donné précédemment la maniere.

Voici encore la maniere de faire le Bleu de bon teint à froid, & qui peut s'appliquer avec le pinceau ou avec le moule ſans cirer la Toile.

Autre Bleu.

Sur trois pintes d'eau de mare, de pluie ou de riviere, & non de fontaine, mettez une livre de Bois d'Inde, deux onces d'Alun de Rome ; faites réduire le tout au moins à un tiers ; ôtez le bois, & ajoutez-y deux onces de

Vitriol de Chypre en poudre, & faites-lui jetter un bouillon. On épaissit cette couleur avec de la poudre à poudrer, ou avec de l'Amidon. Plus l'Amidon sera épais, moins la couleur sera chargée; ainsi il faut qu'elle soit extrêmement chargée lorsqu'elle a bouilli.

On prépare la Toile, en la trempant dans une lessive faite d'une dissolution de Sel de Tartre, ou bien de Potasse, Soude, &c. Il faut que cette eau soit extrêmement chargée de Sel; & autant qu'elle en pourra dissoudre, étant un peu chaude ou tiede.

Il est tems de revenir à la Toile Peinte, & nous allons voir des pratiques qui en rendent la fabrication beaucoup plus prompte & plus facile.

Je ne crois pas qu'il y ait aucune fabrique de Toile Peinte en Europe, où on la travaille entierement à la plume & au pinceau, de la maniere dont nous l'avons décrit dans le second chapitre : elles s'impriment presque toutes avec des planches & des contre-tre-planches de bois, ou d'autres matieres. Ce que nous avons dit jusqu'à present n'en est pas moins utile ; car les Mordans & les couleurs sont les mêmes, soit qu'on travaille à la plume & au pinceau, ou qu'on imprime à la planche. D'ailleurs on est souvent obligé de réparer avec le pinceau ou avec la plume les fautes très visibles que laissent pour l'ordinaire les planches; ainsi il étoit nécessaire d'en enseigner la pratique. Tout ce qu'il y a à changer aux couleurs & aux Mordans, lorsqu'on se sert de planches, c'est qu'on y doit mettre une plus grande quantité de Gomme, que lorsqu'on se sert du pinceau ; & par conséquent beaucoup plus que lorsqu'on travaille avec la plume.

En général, les couleurs & Mordans qu'on veut employer avec la planche, doivent avoir la consistance d'un ſyrop épais.

On prend un oreiller d'environ un pied & demi en quarré, & à-peu-près ſemblable à celui ſur lequel on travaille à la dentelle: cet oreiller doit être rembourré de crin ou de bourre, ou de quelque choſe de pareil, & couvert d'une Toile cirée clouée à la planche qui eſt la baſe de l'oreiller. On attache par deſſus cette Toile cirée une ſeconde couverture qui doit être d'un gros drap, & qu'on doit changer à chaque différente couleur ou mordant qu'on emploiera; & pour bien faire, on a pluſieurs de ces couvertures de drap dont chacune ſert toujours à la même eſpece de mordant, ou de couleur; & lorſqu'on s'en eſt ſervi, on a ſoin de les bien laver, parceque la Gomme en ſe ſéchant, les mettroit hors d'état de ſervir.

Lorſqu'on a attaché le morceau de drap ſur l'oreiller, on prend avec une cuillier du mordant ou de la couleur, & on l'étend ſur ce drap avec un morceau de Toile cirée pliée en pluſieurs doubles: on tache d'imbiber le drap bien également, afin que la planche que l'on doit apliquer deſſus ne ſe charge pas plus de couleur dans un endroit que dans l'autre. Tout étant ainſi diſpoſé, & la Toile étant engallée, (*ſi l'on veut ſuivre la méthode énoncée dans le ſecond chapitre, qui eſt celle qui eſt la meilleure pour la durée des couleurs, mais la plus longue par rapport au nombre d'opérations indiſpenſables qu'elle demande dans l'exécution*), ou toute blanche après en avoir fait ſortir l'apprêt, (*ſi on veut ſe ſervir des couleurs énoncées au commencement de ce chapitre*); on l'étend ſur une table grande &

forte comme ſont celles dont on ſe ſert dans les cuiſines, bien unie & bien rabottée. On cloue ſur cette table une flanelle en double qui ſoit bien étendue & ne faſſe aucun pli : c'eſt ſur cette flanelle qu'on poſe la Toile pour l'imprimer.

Si le deſſein eſt plein & un peu matériel, les planches dont on ſe ſert ſont de tilleul, qui ſe coupe & ſe grave très aiſément. On ſe ſert pour cet effet de lancette, dont la pointe a été caſſée & arrondie, que l'on emmanche ſur un petit bâton rond, & avec cet outil, & quelques autres dont il eſt facile d'imaginer la figure, on ſuit le deſſein qui a été précédemment tracé ſur la planche avec de l'encre & une plume à écrire, & on enleve avec des ciſeaux, des gouges, & autres pareils outils, tout le fond de la planche juſqu'à la profondeur de quatre à cinq lignes, ne laiſſant en relief que les traits du deſſein, ou les parties qui doivent porter la couleur ſur la Toile, leſquelles on a tracées avec de l'encre, comme on vient de le dire.

S'il y a dans le deſſein des feuilles, ou des fleurs qui aient une étendue conſidérable, on entaille les parties ſolides ou pleines de la planche, qui répondent à ces endroits, & on y incruſte pour ainſi dire des morceaux de feutre, qui ſe chargent de la couleur beaucoup plus également que ne feroit une grande étendue de bois toute unie. Cela ſe pratique plus ordinairement pour les contre-planches que pour les planches, ainſi que nous allons l'expliquer. Une planche accommodée de la ſorte, ſe nomme une planche chapau iée.

Lorſque la planche ne porte que le trait ſeul, ou le contour des feuilles, des tiges, ou des fleurs, & que le dessein a quelque délicatesse, on fait les planches de poirier ; ce bois est plus dur ; il se coupe plus proprement, & est moins en danger de se fendre. On fait aussi quelquefois des planches de buis pour des desseins d'une finesse extraordinaire ; mais cela ne peut être d'usage que pour la curiosité ; parceque ces desseins si délicats demandent une attention infinie pour les imprimer, la couleur s'arrêtant à chaque instant dans les traits de la planche, & faisant des fautes dans l'impression si on n'a pas le soin de la nettoyer à chaque instant.

Couleur sablée.

Il y a des Toiles Peintes dont le fond est sablé ; elles se font avec des planches d'une structure particuliere. On y grave le desſein à l'ordinaire ; & pour former le ſablé, ou le pointillé du fond, on y enfonce autant de petites pointes de fil de fer qu'il doit y avoir de points ; & pour que ces pointes ſoient également enfoncées, on ſe ſert d'un outil qui porte un talon à environ quatre lignes de ſon extrémité ; ce qui eſt la longueur que l'on donne d'ordinaire à ces petites pointes. On fait porter le talon de cet outil ſur le bout de la pointe qui doit être déja un peu enfoncée dans la planche, & on frappe ſur la tête de l'outil juſqu'à ce que ſon bout touche la planche ; on peut être aſſuré alors que la petite pointe de fer que le talon conduit, eſt préciſément enfoncé à la longueur qu'elle doit avoir : on les enfonce toutes de la même maniere, & par ce moyen il eſt impoſſible qu'elles ne ſoient pas toutes d'une hauteur parfaitement

égale.

égale. Cela ne suffit pas encore pourtant, & le sommet de ces petites pointes ne sauroit être limé si également qu'il ne perce ou n'égratigne la Toile. Pour l'éviter, on fait fondre de la Poix résine, & on la verse toute chaude sur la gravure de la planche, qu'il faut pour cet effet tenir dans une situation horizontale. Cette Poix résine s'insinue entre toutes ces petites pointes, & lorsqu'elle est refroidie, elle les tient toutes assujetties les unes avec les autres: pour lors on prend un morceau de grès bien uni, ou une pierre à éguiser, & on en frotte toute la surface de la planche: cela acheve d'unir & de polir toutes ces petites pointes; on fait ensuite chauffer la planche, la Poix résine se fond & s'en détache, & la planche est dans toute sa perfection. Toutes ces petites pratiques m'ont paru assez ingénieuses pour mériter de trouver ici leur place ; j'en obmets néanmoins encore quelques-unes pour ne point tomber dans une longueur excessive. Il faut maintenant dire un mot des contre-planches.

Les contre-planches sont de secondes planches qui sont faites sur le même dessein que les premieres, mais qui ne portent pas aux mêmes endroits sur la Toile. Je m'explique. Supposons que l'on a imprimé sur la Toile tout le trait ou le contour d'un dessein avec une planche, & que ce trait soit noir, l'intérieur des fleurs qui doivent être rouges, ou de quelque autre couleur, est demeuré blanc ; la contre-planche est faite pour porter le mordant ou la couleur dans cet intérieur réservé par la premiere planche. Rien n'est si facile que de concevoir de quelle maniere on s'y doit prendre pour graver ces contre-planches, & on ſent combien il eſt néceſſaire que les rapports ſoient exacts, ſans quoi la couleur ſe trouve n'être pas contenue dans le trait; c'eſt ce que l'on voit très ſouvent dans les Toiles Peintes communes, à cauſe de la vîteſſe avec laquelle on y travaille, & du peu de ſoin qu'on y apporte. On a attention de laiſſer des repaires aux coins des planches & contre-planches, pour pouvoir placer ces contre-planches exactement ſur le deſſein de la planche qu'elle-même a imprimé ſur la Toile; & lorſque cela eſt fait avec exactitude, on a peine à s'appercevoir des repaires des planches & des contre-planches. On en a quelquefois trois ou même quatre pour le même deſſein, ſuivant le nombre des couleurs qu'il doit y avoir ſur la Toile; mais ce que nous avons dit pour les unes, doit ſervir pour toutes les autres.

Après avoir détaillé ce qui concerne les planches, il faut parler de la maniere d'imprimer. Ayant étendu, comme nous l'avons dit, la Toile ſur une grande table rembourrée avec la flanelle, & après avoir bien imbibé de mordant ou de couleur le drap qui couvre l'oreiller, ou appuie à pluſieurs repriſes la gravure de la planche ſur l'oreiller, afin qu'elle ſe charge bien également de la couleur ; on ſe ſert même d'une broſſe pour en imbiber la planche la premiere fois, ſi l'on voit qu'elle ne prenne pas bien la couleur : on poſe enſuite ſur la Toile la planche ainſi chargée de couleur, & on frappe deſſus deux ou trois coups avec un maillet rembourré avec du crin qu'on a recouvert par ſes extrémités avec du drap, pour que le coup ne ſoit pas ſi ſec, & ne caſſe à la continuité les planches, prenant bien garde que la planche ne ſaute ou ne faſſe le moindre mouvement. On commence à imprimer par la gauche, parcequ'on a plus de commodité pour placer la planche exactement ſur les repaires qui indiquent l'endroit où il la faut mettre.

Lorſque la piece eſt imprimée d'un bout à l'autre avec cette premiere planche que nous avons ſuppoſé ne prendre que le trait, on recommence par le même bout en ſe ſervant de la contre-planche à imprimer la ſeconde couleur, & on continue de la même maniere, en obſervant de faire toutes les préparations que nous avons preſcrites à l'égard des Toiles qui ſe font à la plume & au pinceau, n'y ayant rien de différent à cet égard pour celles qui s'impriment. On aura grand ſoin de laver exactement les planches, & de les nettoyer avec une broſſe lorſqu'on s'en eſt ſervi, ſans quoi elles ſe gâtent abſolument : on les conſervera dans un endroit qui ne ſoit point trop ſec.

Les Toiles qui n'ont qu'une ſeule couleur ſe trouvent faites après la premiere impreſſion, & il n'y a plus qu'à les laver & les apprêter. On en fait de très jolies de cette maniere, qui imitent parfaitement la broderie des Indes, en imprimant la Toile toute blanche & ſans préparation avec la liqueur de ferraille ; mais il faut que la planche ſoit pleine, c'eſt-à-dire qu'elle ne porte pas ſimplement le trait, mais qu'elle forme toute l'épaiſſeur des tiges, des feuilles, & des fleurs. L'uſage apprend une infinité d'autres pratiques par leſquelles on fait avec très peu de travail, des Toiles qui ſont ſouvent beaucoup plus agréables que celles qui ont exigé bien de la peine, & pris beaucoup de tems.

Il y a quelque chose de particulier dans la fabrique des Toiles noires & blanches : il les faut d'abord engaller, ensuite les imprimer avec la liqueur de ferraille ; mais si on s'en tenoit-là, il seroit impossible d'en blanchir le fond, il conserveroit toujours l'œil roux que lui a donné la Noix de Galle, & quelque tems qu'il demeure sur le pré, on ne parviendroit pas à emporter cette couleur. Il faut pour éviter cet inconvénient, après que la Toile a été engallée & imprimée, la bien laver comme nous l'avons dit, & la faire bouillir un demi quart-d'heure dans un bain de bois d'Inde & d'eau, cela rend le noir beaucoup plus foncé & plus velouté. Il est vrai que le fond de la Toile prend une couleur rougeâtre tirant sur le violet ; mais en deux jours cette couleur est emportée sur le pré, & le fond de la Toile devient d'une blancheur parfaite. Il ne laiſſe pas d'être ſingulier que l'impreſſion de la Noix de Galle ne puiſſe être emportée, de quelque voie que l'on ſe ſerve, & que ſi elle eſt enſuite bouillie avec la Garence, la Cochenille, ou le bois d'Inde, ce qui augmente encore beaucoup la couleur, on vient à bout de l'enlever totalement, en l'expoſant ſur le pré, & l'arroſant comme nous avons dit. Remarquez que ſi on ne faiſoit que mêler de l'infuſion de Noix de Galle avec la liqueur de ferraille, & imprimer tout-d'un-coup en noir avec ce mêlange, on ne réuſſiroit pas, & c'eſt encore là un des faits extraordinaires qui ſe rencontrent dans l'art de la Teinture; car l'infuſion de Galle étant précédemment appliquée ſur la Toile, la liqueur de ferraille qu'on y met enſuite, fait un noir très ſolide; mais ſi l'on mêle ensemble ces deux liqueurs avant de les appliquer sur la Toile, quoique la couleur soit aussi noire en apparence, elle s'en va presque toute lorsque l'on vient à la laver, & il ne reste qu'un gris désagréable ; le fait est bien constant. On fait encore des Toiles noires & blanches, en les imprimant avec les planches de cuivre & du noir à l'huile ; on exécute par ce moyen des desseins d'une finesse & d'une beauté admirable, mais les Toiles ne peuvent pas être savonnées, & d'ailleurs ce travail n'est proprement qu'une impression & une gravure en Taille-douce, de même qu'on imprime quelquefois les Theses ou les Cartes de Géographie sur du satin, & cela n'a aucun rapport à la Teinture, ni à la fabrique des Toiles Peintes ordinaires qui fait une des plus belles parties de cet Art.

Couleur de Fayence, ou Bleu & Blanc.

Il reſte encore à parler des Toiles Bleues & Blanches, qui ſont très communes, & dont la fabrique eſt encore différente de tout ce que nous venons de rapporter. On ſe ſert pour les faire de planches d'étain, ou plutôt de planches d'un métal compoſé d'une partie d'étain & de deux parties de plomb, afin qu'il ſoit plus dur, & que les planches ſoient plus long-tems en état de ſervir. On commence par graver en bois le modele de la planche qui doit être en plomb; on imprime dans du ſable cette planche de bois, & on jette ſur ce ſable le métal fondu; on a ſoin de former à cette planche une main pour la tenir avec plus de facilité (c'eſt une précaution que l'on doit prendre aussi à l'égard des planches de bois, quoique nous n'en ayons pas averti). Les planches étant fondues, on les répare avec un ciseau, parcequ'il est rare qu'il ne se fasse pas quelque faute dans la fonte; on a un vaisseau de fer blanc assez grand pour y introduire la planche dont on veut se servir; ce vaisseau est contenu dans un autre plus grand plein d'eau, & qui est sur le feu; cela fait fondre la cire qu'on a mise dans le premier vaisseau, & la tient dans le degré de chaleur convenable pour l'employer. Au niveau de la surface de cette cire fondue, on ajuste d'une façon stable un chassis garni d'une Toile fine bien tendue; cette Toile s'imbibe de la cire fondue & empêche qu'on n'y plonge la planche trop avant; on appuie donc également la planche de métal sur cette Toile tendue, & on la porte sur-le-champ ſur la Toile préparée pour imprimer, qui doit être ſur une table garnie de ſable, pour empêcher la cire de s'étendre. La piece de Toile étant imprimée de la ſorte d'un bout à l'autre, on la teint dans la cuve d'Indigo à froid, comme nous l'avons dit plus haut.

On fait ces ſortes de Toiles Peintes en Hollande d'une maniere encore différente; on ne ſe ſert que des planches de bois, & au lieu de cire on emploie une eſpece de colle épaiſſie avec de la craie; lorſque cette compoſition eſt ſeche, la Toile peut être plongée à pluſieurs repriſes dans la cuve à froid, ſans qu'elle ſe détache, ou qu'elle ſoit pénétrée par le bain de la cuve; on lave enſuite la Toile dans l'eau tiede, & la compoſition s'en va très facilement.

Voilà, à ce que je crois, toutes les principales opérations qui concernent l'Art de faire la Toile Peinte; si j'en ai obmis quelques-unes, c'est qu'elles ne sont pas venues à ma connoissance, ou qu'elles sont de si peu de conséquence, que celui qui voudra s'y appliquer les suppléera sans peine, ou imaginera des pratiques équivalentes. Je crois que les opérations singulieres & les faits que j'ai rapportés ayant une si étroite liaison avec ce qu'il y a de plus difficile dans la Teinture, on en pourra tirer des lumieres pour la perfectionner, surtout lorsque les Physiciens se trouveront à portée de pouvoir en faire le sujet de leurs recherches.

F I N.

TABLE DES CHAPITRES.

Fin de la Table des Chapitres.

TABLE
POUR LES MORDANS, ET DIFFERENTES COULEURS :
SAVOIR,
Mordans & Couleurs durables.

TABLE.

Couleurs moins durables.

Fin de la Table.

www.ingramcontent.com/pod-product-compliance
Ingram Content Group UK Ltd.
Pitfield, Milton Keynes, MK11 3LW, UK
UKHW020245220726
13923UKWH00002B/827